Die Nackten

Eine Dichtung

Alfred Wolfenstein

Alpha Editions

This edition published in 2022

ISBN : 9789356894266

Design and Setting By
Alpha Editions
www.alphaedis.com
Email - info@alphaedis.com

Die Nackten
Eine Dichtung

von
Alfred Wolfenstein

Ein jugendlicher Mann

Von Dunkel brennt mir das Gesicht,
Voll Betten stehn die Straßen, Schweigen schimpft: Nach Haus!
Verschwinde, unzufriedener Mund, du mit dem Licht
Im Aug, vor luftiger Seele flackernd, störe nicht —
Hier ist es aus!
Ich aber, wenn die Stadt auch steht,
Jage die leere Zeit —
Hier meiner Lungen wache Flügel, weit
Gespannte Lider, noch von Stirn überweht.
Mein Schicksal, das mit knappem Hohn
Den Tag an mir vorüber führte, dämmernd Gift
In Hunger rührte
Und jetzt mit nächtlicher Keulenschwärze trifft:
Ah, glaubt mein hageres Schicksal, ich verzweifle schon?
Zwar blickte ich mich schon zu lang
Nach Fremden um —
Verwandt mit mir, Gesicht und Gang —
Doch nicht Genuß! wie unberührtes Kloster lag
Mein Gaumen stumm, als ich besprang
Ich Tier mit eines Gottes züngelndem Geist den Tag.
Denn euretwegen dacht ich euch
Gewillt und groß,

— Entsetzlich, wenn entzückter Schoß
Auf ödes Fleisch, auf kalter Lippen Lustgekeuch,
Er bis zu seinem Haupt entblößt
Auf steinernen Lärm und Bett entmenschter Arbeit stößt!
Andröhnte euer Morgenleib mit Rad und Knien,
Entlang den Häuserstrahlen kamen Augen schnell:
Der Straßen Spitze, in der Vorstadt nebelndem Grün,
Begann von Menschen neu zu glühn,
Zusammenschoß mit immer dickeren Keilen hell
Die Stadt, um rund des Platzes Tore aufzusperrn —
Die Strahlen schufen hier den Stern.
Doch als ein winzig Irrlicht über vielem Schlamm,
Knattern mit kaltem Blitz
Erschien er mir: Gewellt, gehöhlt, gebuckelt schwamm
Von Wagen auf und ab der Damm,
In Mäulern, Klingeln, Glocken, toll am toten Sitz,
In Häusern, Domen, Warenhäusern zu und auf,
In Zwergen, Riesen, starr im Lauf:
Das Licht erfror —
Das Sehen versank in brausendem Ohr.
Was ist uns Stadt?
Darf sie betäubend Herrin sein?
O packten wir sie — hielten das Haupt mit Macht hinein:
Sei Spiegel uns und Mittel, des Bewußtseins Bad!
Ihr aber drückt das vorgeschobene Kieferkinn,
Geschäftiges Knie, euer ganz verkäufliches Magazin
In ihren Stein,
Alltäglich prägt der Stahlschrank eure Hand sich ein,
In jede Sache wird gezeugt was Sache braucht,

Halblebend platzt ein Menschending aus ihrem Bauch,
Kriecht Zahlenbuch, thront Börsenschicksal, Wolken kratzt
Ein Menschendüngerhaus,
Maschine euer Held
Hat eure Faust
Und Fingerspitzen nimmt das Geld,
Und also macht ihr sie zu euch, die Stadt — die Welt!
Ihr wollt es? wollt euch nicht mehr sehn?
Der Welt, dem Ungewissen,
Soll nichts gegenüberstehn?
Der Tat Gewißheit, spiegelndes Gewissen
Verklebt von Massen,
Vom regungslos arbeitenden Sumpf,
Durchsichtigkeit stumpf,
Daß Gesicht verholzt
Und Phantasie im immergrünen Tische,
Daß Seele Sand wird und Mensch sinkt ein
Und nur um seinen Staub vermehrt
Steigt rings nur Land:
Ist das euer Wille,
Leidlos abgekartet —
Oder eines Unglücks
Bewußtlose Wüste,
Die schmerzlich auf des Denkenden Zurückkunft wartet?
Zu fest am Körper fühle ich nun meinen Arm,
Der euch zu halten wünschte, nicht bloß ich zu sein,
Und fest nur, daß er helfen könnte.
Da steht um mich des Dunkels Karussell, und ich
Den Schaum der Worte kauend, unbeschäftigt Pferd,

Nicht müde, denn ich tat nichts, denn ich drehte nicht
Die Lampen, Wagen, Tiere, Kinder dieser Stadt:
Doch aus dem bunten Kasten, der inmitten sitzt,
Zäh orgelnd wallt — frech pfeifend steigt — aus meiner Stirn
Musik des Tages — — eines andern Tages Traum —:
Da schwankt die Wand der Häuser, wie ein Motor bebt,
Dach flattert, Zimmer fahren an, und schneller noch
Rollt euer Bett den Fenstern zu und schwebt hinaus:
Es weht aus allen Vorhängen der Schlafesstadt —
Hierher — — In langen Mondesstrahlen schwenkt zum Platz,
Der purpurrot am Tage strahlte, kissenweiß
Geheimnisvoll durchsichtig eurer Wünsche Schar —
Fällt milchig her — und auf dem Pflaster liegts vor mir
Wie vieler Engel bittend flache Hände bleich.
Denn ihr erträumtet: einer führt hinweg von hier —
Und rief euch gut — und fremd — und gut: ich mache reich!
Ich mache reich —
Doch was erblaßt ihr — fliehet — — und statt eurer schon
Tritt plötzlich aus dem nahen Prachtbau, reich verziert
Mit Gold und Kürassieren, niedrer Kuppelstirn,
Ein andrer Chor, von würdigem Bart und Gehrock schwarz —
Sie ähneln euch und sinds nicht — stampfen brüllend an —

Chor der Parteien

Wir haben von dir gehört,
Du kannst reich machen.

Chor der Partei der Stehenden

Zwar wir besitzen schon viel,
Der ganze Grund und Boden
Ist uns vererbt und heilig,

Drum glauben wir an Familie
Und pflanzen steif uns fort.
Wer sonst noch leben will,
Von Erde abgeschnitten,
Muß unser gehorsamer Knecht sein.
Wir wurzeln, wurzeln ständig
So treu und scharf und fromm,
Doch treffen wir in der Erde,
Auf der Erde, über der Erde
Noch andre Menschen an:
Dann knalln wir — denn wir können
Auch sehr aus uns herausgehn
Für unseres Vaters Land —
Sie weg von unsern Grenzen
Und noch viel weiter weg.
Wir schaffen außen Ordnung
Und innen nichts als Ordnung,
Drum wähle man unsere Partei.
Wohl duldet Eiche nicht Sträucher,
Erst in gemessner Entfernung
Fängt allemal das Gras an:
Doch jeder steht am Platze,
Immer an seinem Platze,
Ewig alles am selben Platze,
Gott will Abhängigkeit.

Chor der Partei der Schreitenden

Zwar wir sind weit gekommen
Aus eigenen bürgerlichen Kräften,
Die Erde ist beweglich,

Da sollten wir nicht drehn?
Wohl sieht man deren Lauf nicht,
Das kann uns nicht beirren,
Die Wissenschaft beruhigt.
So ist es auch mit Gott.
Der Mensch ist affenartig
Geschwind in Gang und Intelligenz,
Doch sei's mit Maß, mit Maßen.
Er hat unzählige Rechte,
Wird ziemlich frei geboren,
Er gehet an der Kirche
Vorüber ins Kontor.
Er pafft aus seinen Schloten
Und pfeift durch Räderzähne,
Den Himmel klärt er auf,
Die Erde wird verraucht:
Da schützen wiederum Häuser
(Denn Zivilisation beschmutzt nur,
Ums wieder auszugleichen)
In immer besseren Zimmern
Stets fortschreitende Menschen,
In immer glatteren Kleidern
Stets amtlichere Bürger,
Drin geht hochaufgerichtet
Die reinste Vernunft dahin.
Alles geht und es geht alles,
Unser leichtes Programm besteht nicht
Wie Vorredner auf Scholle:
Wir machen alles zu Geld.

Geld rollt. Und heckt idyllisch,
Gleicht Brandung aus, Geld ölet.
Geld ist. Geld ist kein Schwindel,
So ausgedehnt und faßlich —:
Wir brauchen das Abstrakte
Bloß anzufassen: siehe,
Da werden schon Ideen
Für sichere Zwecke brauchbar,
Der Geist ein fester Körper
Und Zeit wird Geld.

Chor der Partei der Rennenden

Zwar wir, wir sind die Starken
Und reißen der ganzen Geschichte
Zusammenhang auseinander!
Und vereinigen doch jeden Vorzug
Dieser feinen Parteien
Und sprechen noch viel schneller
Und sind nur scheinbar Pack.
Was eigentümliche Klassen
Frech lange zusammenpackten,
Wir packens wieder aus.
Das kommt! das kommt von selber,
Denn unser kalter Keller
Wächst groß wie Warenhäuser,
Steigt unsichtbar aufs Dach —
Bis plötzlich auf ein Zeichen
Das ganze reiche Gebäude
Zerfällt — — in unsern Schoß.
So kommts mit Riesenschritten,

Indem wir einfach rennen
An unsere Riesenarbeit,
Wir mästen euch für uns.
Es trappelt morgens Erde
Vom Regen unsrer Beine
— Und manchmal schweigts an manchen
Stellen — kleiner Vorschreck!
Zum ganzen Fressen fehlte
Bisher die Einigkeit.
Man sieht, eure Welt ist unsre,
Ein wenig breit geschlagen,
Ihr pflegtet sie zu rund.
Auch unsre schnelleren Füße
Werden so langsam wie ihr,
Wenn unser Gewicht sich steigert —
Wir, nicht besessen wie manche,
Die nicht besitzen wollen,
Wir sehen nur die Geister,
Die Genossen sind,
Wir werden steif wie Raupen,
Wenn Fremdes uns berührt —
Kurz, wünschen sicheren Boden
Unter unseren Füßen
Und über unseren Köpfen
Sicheres Geld und Heu.
Wir müssen nicht mehr stehlen,
Wir sind nur unsere Knechte,
Nicht zweifeln, träumen, denken,
Die Zukunft macht der Staat.

Chor aller Parteien

Zwar ist das wie gesagt —
Doch können wir immer noch mehr gebrauchen.
Wir haben von dir gehört,
Du willst reich machen.

Der Mann

Mich schmerzen meine Ohren, meine Augen auch,
Wie wenn man hinter Kulissen einige Leute sieht
Als Menge Volk, das da mit Absicht etwas brummt,
Und sei es Welt und sei es Geld es klingt da gleich.
— Wohin, die mich verstanden, seid ihr, Träumende —?
Die schoben sich wie fremde falsche Kleider dick
Auf eure Blöße, drängten zwischen euch und mich —
Da leuchten plötzlich wieder mit entwolktem Mond
Die Häuser milchig gläsern auf —: Und Schatten drehn
Sich zitternd gleich Spiralen aus den Winkeln drin,
Durch ihre blassen Glieder scheinen Mauern durch,
Wo Wasser wie die einzige Nahrung niedertropft,
Sie werfen ihrer Seele Schein einander zu,
Unzählige Armen, ein durchspiegelt Krankenhaus,
Ihr Schmerz nur, als ein starrer Knochen, läßt sich sehn.
Durch andre wieder schimmert reiche Seidenwand,
Die ruhlos über Teppich wandern hin und her.
Am Pflaster, hoch im Himmel oder ganzen Haus
Durchkrümmen bittre Würmer die geweißte Stadt,
Es zeichnen sich die vielen Arme stehend ab,
An jener dicken Kuppel zart vorbeigestreckt,
Vorbei an diesen — auf zur aufgewölbten Nacht —
O welche Menge — überall —

Chor der Armen

Der Lichtraum sank. Ein Loch gähnt ihm nach,
Wir atemlos starrn —
Es stecken darin steife Gesichter
Wie Zähne scharf, ein wuchriges Maul,
Das dick mit erstickend bequemem Gesetz
Und Verordnung polstert den Abgrund.
Doch wissen wir lang, es beißt wie ein Tier,
Gehorchen wir nicht und sehen es fremd
An, so fremd wie wir sind.
Und schleudern ihm stumm ins schallende Haus
Auf Tribünen voll Speichel des Tagesprogramms,
Auf Zungen, wo klappernd ein Schild klebt: Ich
Spreche für Hunderttausend — schleudern
Ins Auge, das ausweicht zum Fenster hinaus,
In den Aufbau der Bravos und klingelnden Lärm
Die Fackel des Blicks,
Der fragt: Vertrittst du den Menschen?
Ich nackt, ganz nackt, arm und nackt,
Ich reich und doch arm und nackt,
Ich stählern das Haar von Hunger gesträubt,
Ich den Spalt in der Stirn, die vom Lichtanprall sprang,
Ich durchgraben die Schläfe von Qual im Glück,
Vom ruhlosen Gedanken, der schöpft und strömt,
Ich Tänzer im Nichts, in Traum und Buch,
Ich, Milch in der Brust, die küßte den Schmerz,
Ich von williger Liebe schmal und verblüht,
Ich knochiger Rest des verschenkten Golds,
Ich Mauer für Händler, ich Wiese dem Tier,

Ich schwarz vom Kampf mit Nacht und Gewalt,
Vom nie mich durchdringenden Kerker.
Und seht auch mich, mit Maschinen zerfleischt,
Den Blick unversehrt,
Mich taub von Fabrik, das Ohr voll Gesang,
Mich gekreuzigt von Mann zu Mann, mit fernem Schoß,
Mich jung genagelt ans lange Büro
Mit fernem Gesicht,
Mich alt, doch im Untergang euch brennend nah,
Mich, die Füße ins Loch der Holzbank gezwängt
Doch lehrerlos federnd zum Himmel.
Und ich bin schwach und schlage mein Herz,
Es arbeite noch für dich, und ich,
Den Flüstern erschreckt, lasse den Tod
Wie Dampfhammer mir in die Ohren schrein,
Ich gegen das Maul, das Geister bespuckt,
Werfe mich Schüchternen rasend, und ich
Durchbohre mein Glück mit Schicksal.
Ich spreche und stehe in Einsamkeit
So wahr wie vor andern, und ich bin schön
Um ein Tier zu erfreun, ich sterbe im Fest,
Ich blühe im Schlamm, ich nicke entzückt,
Wenn Gebärde das Dunkel des Innern erschließt,
Ich enthülle mein Haupt den Häuptern.
Wir Nackten und Armen, so fühlen wir nicht
Sachen, nur Kampf, der daran sich fühlt!
Gewißheit des Menschen, ragend erkämpft
An der schwankenden Erde der Sachen.
Umrandete Welt umfängt grenzenlos

Ein Mensch und außer sich, reich an sich,
An riesigem Schmuck
Der Armut und Kraft,
Gewillt und willig dem Schicksal.
So brennt er in Blitzen des kurzen Besitz
Als Sonne, allein rings und ist rings alles
Und ist nackter Mensch, der über sie auf
Sich schwingt und bewältigt die Welten.

Der Mann

Ein Wald von guten Geistern dicht umflüstert mich
Wie ein Vertrauens wertes zugehöriges Tier —
O ihr Vergessenen, Fremden, Unvertretenen,
Und unsichtbar wie Lüfte über Ländern hin,
Für alle Welten stimmend, doch in eurem Volke
Überzählig, im Gesetze nie genannt,
Weil ihr bei jeder Wahl ja schutzlos übrig bleibt —:
So blickt an diesem Hause — nicht an mir vorbei!
Dort bröckeln schon die schwärzlichen Gestalten ab
Und ducken sich, vom heiligen Worte Mensch gekreuzt,
Verschwindend —. Aber purpurrot von Ungeduld,
Wild und bescheiden aufgerichtet: bleibe ich!
Und zügle mich und sage: Wohl seid ihr allein
Die wahre Welt, o ihr ins Herz Entzückenden,
Und Seligkeit, die, um zu sein, nicht sterben muß,
Und seid ja auch die Irdischen wie Himmlischen
Und duldet, auch zyklopisches Geschick zu sein,
In dem ein helles Auge mitten aus der Stirn,
Ein Wille, stammt und opfert seines Stoffes Scheu.
Zu lieben auf der Möglichkeiten Leibern wird

Mit ewig jungem Samen euer Geist nicht matt —
Ihr seid so neu
Und auch des Ganzen niemals satt:
Und daß ihr doch so starr untätig seid!
Ihr Wundersamen — so allein?
Ihr streckt die Menschenarme weit
Hinauf aus eurer Wohnungen gekreuzten Reihn,
So marmorn parallel euch meidend zur Unendlichkeit?
Wohl rühret ihr einander mit den Herzen an,
Doch dies ist nicht genug,
Verwebt auch eurer Schicksalshäupter Licht und Flug!
Und laßt es nun die Erde fühlen, daß ihr mehr
Als jene seid, kein Volk sich euch vergleichen kann.
Und gegen jedes riesenhohle Kuppelhaus
(Darin ihr so gut fehlt, ihr füllt das Offne aus)
Zusammenziehet euren Bann! gegen des Scheins
Vertreter, o Partei der Sterne,
Ihr müßt euch ja nur zeigen, denn ihr seid schon eins,
Müßt nur den inwendigen Glanz aufwenden
Und euren Blick, der erst am Firmament
Sich traf, ins ungewölbte Leben senden,
Tief in euch greifen, wo es brennt
Von Wirklichkeit,
Und opfern aus den eigenen guten Sternen
Dem Kampf! euer Denken
Dem Kampf ums himmlisch Menschliche!
Die willenlose Erde
Mit eurer Schicksalswilligkeit durchtränken,
Ausstoßen eurer leise singenden Sphären Schrei,

Damit euer Ewiges unsterblich sei,
Und daß auch dieser wuchtigen Welt
Wucht gegenüberrückt,
Der Schwebenden gesammelte Schwere sich eindrückt
Und Hülle und Besitztum von ihr füllt.
Denn euch allein
Ist es gegeben, Schein
Von allem abzuheben, — ich auch fühlte
In eurem Sang letztes Kleid.
Niederstürzen von meinem Gesicht,
Die fremden Zutaten, die seit der Kindheit
Mich bedeckten mit Schutt der Zeit,
Daß die eigenen Säulen mir
Immer schwerer sich öffneten,
— Gruben sich auf!
Und dieser Lügen täglicher Schmutz,
Die letzte der Hüllen ist nun nieder,
Die Fäuste, die mich lähmend packten,
Die steinerne Bemäntelung auch des Elternhauses,
Denn ich begriff euch ganz. O nur
Dies unterscheidet mich von euch, ihr Nackten:
Daß ich es sage!
Und glaube, dieser Wunsch sei nicht wider den Sinn,
Den innig ich zu wünschen wage:
Verwirklicht euch!
Laßt euch — euch nicht verloren gehn,
Setzt eure Schönheit ein in die Gewalten,
Die Erde macht mit eurem Sehen sehn!
Und ihr Entblößten, auch des Führers bloß,

Die aufgesprungene Frühlinge durchfliedern,
Und die mit aller Seel und Kraft
Vor mir stehn, mit allen weißen Gliedern
Eures Schicksals, namenlos besonnt,
Und eingefaßt nur geisterhaft
Vom ewig unfaßbaren Horizont,
Euer Schoß ein Meer, zum Himmel ohne Deich —:
Ihr seid reich,
Und darum kann ich euch reich machen,
Lenken in ein Land,
Das blühend liegt über der Sündflut Sachen.
Ihr — sichtbar — sichtbar,
Und sehet selbst euch grenzenlos erhellt,
Ihr laßt zwischen euch und Schöpfung nichts mehr klaffen.
Denn euer Leiden, euer Jubeln, ganzgeschwellt,
Euer ganz Überwaltigtsein: ist schon die Welt —
Und ihr sollt ihre Wirklichkeit
Nur noch erschaffen!
Weil ihr nicht Gott sondern Menschen seid.
Es dämmert, blinkt,
Wind wirft der Stoß der Sonne auf,
Der Boden summt, die Erde beginnt sich zu drehn,
Der Morgen steigt aus tiefem Ton.
Doch eure Häuser, mit des Mondes fliehendem Licht,
Schließen mir erstarrend wieder ihr Gesicht,
In blinden Stein entschwindet ihr — ummauert schon —
Und ich will gehen
Und euch im Tage wiedersehen —
Und glauben:

Daß in eines neuen Reiches Tag,
In hallendem Haus,
Von Weltenfenstern hell wie freier Himmel,
Wir plötzlich gleich Gewählten stehen —
Weil unser Kampf, der fest hinaus
Ins Sichtbare aus unserer Seele springt
Und nun sein Feld entfaltet als die Fahne
Gelingt — und in dem großen Haus
Die Rede immer leiser klingt,
Doch donnert Tat und nie genug getane
Liebe, nie genug geliebter Geist,
Der jedes nun geschriebene Gesetz durchdringt,
Das immer neuen Jubelsturmes angenommen
Stets Freiheit heißt.
An die gebeugten Rücken Flügel heftend winkt
Der Geist sie ewig-täglich aus der langen Blendung
Hinweg und in das nackte Licht hinan —:
Und mit dem strahlenden Gesicht
Des Schicksals und des Menschen
Vertritt ihn dann
Das gute Volk, noch unerfüllter Sendung.

9 789356 894266

Printed at Repro India Ltd.